RAPPORT

*Présenté par Me PRESCHEZ, avoué au Havre,
à la Commission Administrative du Syndicat des
Propriétaires et Constructeurs du Havre et de
sa Banlieue,*

SUR LES

RÉVISIONS DES POLICES D'ASSSURANCES

Contre l'Incendie

⸺⸺⸻ ⟨•⟩ ⸻⸺⸺

HAVRE

Imprimerie du *Journal du Havre* (A. Lachèvre)
11, Quai d'Orléans.

—

1900

RAPPORT

*Présenté par Me PRESCHEZ, avoué au Havre,
à la Commission Administrative du Syndicat des
Propriétaires et Constructeurs du Havre et de
sa Banlieue,*

SUR LES

RÉVISIONS DES POLICES D'ASSSURANCES

Contre l'Incendie

HAVRE

Imprimerie du *Journal du Havre* (A. LACHÈVRE)

11, Quai d'Orléans.

—

1900

RAPPORT

*Présenté par Me PRESCHEZ, avoué au Havre,
à la Commission Administrative du Syndicat des
Propriétaires et Constructeurs du Havre et de
sa Banlieue,*

SUR LES

RÉVISIONS DES POLICES D'ASSURANCES
CONTRE L'INCENDIE

Dans cette matière, comme dans toute autre d'ailleurs, pour réclamer des modifications, il faut bien se rendre compte de la raison qui a fait établir ce qui est, examiner s'il est possible de remédier aux inconvénients signalés sans en faire naître d'autres, ou sans créer à la partie contractante une situation qu'elle ne saurait accepter.

Dans le contrat d'assurance contre l'incendie, si nous nous plaçons au point de vue des propriétaires, nous voyons que les Compagnies assument des risques énormes pour des primes minimes. Elles sont placées dans un état d'infériorité manifeste, l'assuré connaissant très bien sa chose et en restant en possession — l'assureur ne la connaissant que superficiellement et étant dans l'impossibilité de la surveiller.

Le principe du contrat d'assurance contre l'incendie que l'on ne doit pas perdre de vue : c'est que la personne qui a subi un sinistre, non seulement ne doit pas en tirer bénéfice, mais doit toujours éprouver un préjudice du sinistre après règlement. C'est sur cette situation, de l'assuré restant toujours intéressé à éviter le sinistre et prenant dans ce but journellement toutes les précautions que lui suggère une prévoyance moyenne, que les tarifs de nos Compagnies ont été établis ; aussi devons-nous nous attendre à trouver dans nos polices une série de restrictions dont il est plutôt utile de nous rendre compte que de demander la suppression, parce que cette suppression, consentie par les Compagnies d'assurances, entraînerait inévitablement une augmentation de primes ; et il est douteux que cette modification soit profitable finalement aux propriétaires.

Néanmoins, il est utile de parcourir un peu ses polices d'assurances, car, jusqu'ici, les Compagnies d'assurances ont été seules à préparer et étudier les clauses de leurs polices et les assurés n'ont eu pour garantie que la loyauté des Compagnies, qui est en général indiscutable, et la concurrence que l'existence de nombreuses compagnies a pu faire naître. Mais il n'est pas douteux que ce système était défectueux et pouvait engendrer des abus : l'institution des syndicats de propriétaires est venu juste à point pour constituer la contre partie nécessaire des Compagnies d'assurances dans l'examen des clauses des polices d'assurances.

Nous allons, par un examen rapide des clauses

de police généralement usitées par les Compagnies d'assurances, passer en revue successivement les principales critiques qui y ont été faites et vous proposer d'adopter quelques rectifications.

Nous écarterons d'abord comme ne nous concernant pas tout ce qui a trait à l'assurance du mobilier, des marchandises, parce que, bien que l'on conçoive que ces assurances puissent être faites par des propriétaires, ce n'est pas en leur qualité de propriétaires que ces personnes ont agi, mais comme occupant les lieux. Nous ferons une exception pour le risque locatif, parce qu'il est intimement lié à l'administration des immeubles.

I. Exonération des cas de guerre, etc.

Charge de la preuve.

Les Compagnies s'exonèrent des sinistres provoqués par la guerre, l'invasion, l'émeute, l'insurrection ou le complot, la grève, ce qui est raisonnable : il y a là des risques extraordinaires que l'on ne peut apprécier que sur le moment et pour lesquels ne sont pas faites les polices ordinaires ; à ce moment, on pourra s'assurer en dehors des Compagnies d'assurances ordinaires moyennant une surprime.

Mais il peut arriver que dans un pays envahi par l'émeute, etc., l'incendie ait une cause naturelle et indépendante rentrant dans les prévisions du contrat ; et il est bien entendu que les Compagnies restent responsables du sinistre ; seulement, elles insèrent dans leurs polices une clause aux termes de laquelle, quand les bâtiments assurés se trouveront dans une région envahie par des troupes étrangères ou françaises, armées ou non armées, l'assuré n'aura droit à une indemnité en cas de sinistre que s'il prouve que l'incendie ne provient ni directement ni indirectement de ces clauses exclues : c'est mettre à la charge de l'assuré une preuve négative et rendre trop facile l'exonération de la Compagnie : d'autant qu'à défaut de preuve matérielle, elle pourra traîner le malheureux assuré devant toutes les juridictions. Il n'y a pas de raison de déroger au droit commun et de mettre les Compagnies dans une situation privilégiée : elles ont des contentieux, des inspecteurs rompus à ces affaires et seront parfaitement à même d'établir le fait positif qui les exonérera. Cela est si peu nécessaire qu'il y a des Compagnies mutuelles qui, dans leurs polices, n'exigent pas cette preuve de la part de l'assuré.

II. Evaluation de l'objet assuré.

Dans les polices d'assurances contre l'incendie, les Compagnies acceptent, sauf le cas d'exagération manifeste, l'évaluation faite par l'assuré ; mais, après le sinistre, comme l'assurance ne doit jamais être une cause de bénéfice, on ne rembourse que le dommage causé, après expertise.

On a beaucoup critiqué cette règle en disant que la Compagnie avait encaissé les primes, qu'elle avait ainsi accepté le risque : qu'elle devrait payer l'évaluation.

Si l'on voulait y déroger, il faudrait, quand on assure son immeuble, faire procéder à une expertise ; chaque modification ou amélioration entrainerait une nouvelle expertise ; tout ceci devrait être pàyé sous une forme ou sous une autre par l'assuré : prime augmentée ou vacation de personnes compétentes. Si l'on veut examiner, sur la quantité d'immeubles assurés, le petit nombre de ceux qui ont des sinistres, on trouvera que le préjudice éprouvé par les quelques francs de prime payés en trop n'est pas en comparaison des ennuis et des frais de ces expertises : c'est à l'assuré à se bien rendre compte de la valeur de son immeuble, à déduire de son prix total le prix du terrain et s'il a quelques hésitations, à consulter un architecte.

III. Règle proportionnelle.

S'il est ennuyeux d'évaluer un immeuble un prix trop élevé, il peut être préjudiciable de l'évaluer trop bas pour payer une prime moins élevée ; en effet, dans le cas où un sinistre total ou partiel est arrivé à l'immeuble assuré au-dessous de sa valeur vénale, les experts doivent estimer la valeur totale de l'immeuble assuré et considérer que l'assuré reste son propre assureur pour la différence entre la somme assurée et la valeur estimée de l'immeuble, de telle sorte que si vous avez assuré 75,000 fr., des constructions valant au jour du sinistre

100,000 francs, et que vous ayez un sinistre de 20,000 francs, la Compagnie ne vous remboursera que 75 o/o ou les trois quarts, soit 15,000 sur 20,000 francs.

C'est ce que l'on appelle « la règle proportionnelle ». L'application de cette règle est contestée par les assurés, mais les Compagnies répondent que cette règle est équitable et que de plus elles ont basé le prix minime de leurs primes sur l'application de cette règle. On peut la justifier par le raisonnement suivant : « Quand on assure une
» somme quelconque sur un ensemble d'objets,
» l'assurance porte sur le tout et non sur une par-
» tie déterminée, sur une fraction. Si l'assurance
» ne couvre pas le risque pris dans son ensemble,
» elle ne le couvre que proportionnellement ; il
» serait donc absurde de soutenir, en cas de sinis-
» tre partiel, que le feu a atteint de préférence la
» fraction assurée et a épargné celle qui n'est pas
» garantie par la police ; le simple bon sens pro-
» teste contre une semblable prétention. Si la par-
» tie proportionnelle garantie par l'assurance n'a
» pas seule brûlé, il est clair que la Compagnie ne
» devra pas seule supporter le dommage. »

On nous cite l'exemple des Etats-Unis où les Compagnies d'assurances n'appliquent pas cette règle, mais leurs primes sont établies en conséquence, et ce qui le démontre, c'est que l'assuré qui accepte de s'y soumettre a droit à une diminution de sa prime de 10 o/o. Il ne faut pas perdre de vue, d'ailleurs, qu'en Amérique, les primes sont beaucoup plus élevées qu'en France.

Si donc on insistait sur ce point, les Compagnies accepteraient, moyennant une augmentation du taux de la prime, ce qui ne nous avancerait pas.

IV. Règle proportionnelle appliquée aux risques locatifs.

Les locataires sont tenus à l'égard du propriétaire, de l'incendie arrivé dans l'immeuble qu'ils occupent, à moins qu'ils ne démontrent que le feu a été occasionné par force majeure, vice de construction ou communiqué par une maison voisine.

S'il y a plusieurs locataires, tous sont responsables proportionnellement à la valeur locative de la partie de l'immeuble qu'ils occupent, à moins qu'ils ne soit établi que l'incendie a commencé dans l'habitation de l'un d'eux, auquel cas celui-là seul en est tenu. (Art. 1733 et 1734 du Code civil, modifié par la loi du 5 Janvier 1883).

Quand un immeuble assuré occupé par plusieurs locataires a subi un sinistre, les locataires sont exposés à une responsabilité fixée par une proportion entre la valeur de l'immeuble qu'ils occupent et leur loyer. Pour s'exonérer de ce risque, ils s'assurent, mais pour quelle somme ? La proportion est difficile à établir. Les Compagnies ont admis que, quand on s'assurait pour quinze fois la valeur de son loyer, l'assuré aurait satisfait à la règle proportionnelle et qu'elles répondraient de la totalité du risque lui incombant de ce chef, jusqu'à concurrence de la somme assurée bien entendu.

Mais il y a un autre cas à prévoir : si le feu a pris chez l'assuré, il est responsable de la totalité du sinistre et pour se mettre à couvert de ce risque, il doit s'assurer contre le risque locatif, non jusqu'à concurrence de 15 fois son loyer, mais pour la valeur totale de l'immeuble. S'il y a 5 ou 6 locataires, tous auront dû s'assurer de la même façon et le risque locatif sera assuré 5 ou 6 fois. Les Compagnies d'assurances toucheront 5 ou 6 primes pour couvrir un même risque.

La seule excuse de cette manière de faire, c'est que les primes pour l'assurance du risque locatif sont très minimes, 25 centimes pour mille ; mais il n'est pas douteux que ce ne soit une situation anormale.

Pour remédier à cet inconvénient, il y a déjà un certain nombre de remèdes :

1° Les locataires peuvent s'assurer à la même Compagnie à laquelle le propriétaire a assuré son immeuble. Dans ce cas, la Compagnie qui aurait à exercer un recours contre les locataires comme subrogée aux droits du propriétaire qu'elle a payé, renonce ordinairement à ce recours ;

2° Les Compagnies consentent à renoncer au recours assez facilement quand la prime est convenable et que le locataire n'est pas assuré lui-même contre l'incendie ;

3° Le propriétaire peut toujours obtenir de la Compagnie qui l'assure la renonciation au recours locatif, moyennant une surprime peu importante ; il peut répartir le paiement de cette somme entre ses locataires.

On pourrait demander d'une façon générale aux Compagnies de renoncer à ce recours contre les locataires : il donne lieu à la plupart des difficultés en matière d'assurance et grève certainement de ce chef leurs frais généraux ; peut-être consentiraient-elles à y renoncer gratuitement.

V. Polices annuelles.

Ces polices sont courantes en Angleterre et aux Etats-Unis. Les Compagnies françaises ont organisé leurs tarifs et la rémunération de leurs agents en vue de l'assurance pour 10 années. Elles pourraient remanier l'un et l'autre et donner sur ce point satisfaction au désir qui serait exprimé ; mais je ne crois pas que ce serait l'avantage du public, en ce qui concerne du moins l'assurance des immeubles contre l'incendie : en effet, la rémunération de l'agent pour une police de 10 ans sera toujours moindre que pour 10 polices d'un an et le tarif de la Compagnie d'assurances sera plus élevé ; c'est ainsi que cela se passe dans les pays que je viens de citer ; le tarif est établi pour des polices annuelles et si l'on contracte une police plus longue, on bénéficie d'une diminution de taux ; chaque année, en outre, on aura à payer le coût d'une nouvelle police.

VI. Suppression de l'indemnité en cas de vente.

Les rapports d'assureur à assuré étant des rapports personnels et l'assurance étant un acte qui fait disparaitre le risque du patrimoine de l'assuré qui a contracté et la fraude et la collusion n'étant pas vraisemblables ni mêmes raisonnables à supposer, en bonne logique, ce devrait être le cas fortuit qui ferait disparaître l'objet du contrat ; la Compagnie garderait la prime en cours et tout serait dit. Si la Compagnie résiste, c'est à cause des précomptes payés par les agents aux sous-agents ; mais ceci ne doit pas nous inquiéter. Il devrait être stipulé seulement que la cessation du risque n'aurait lieu pour la Compagnie que 15 jours après la mutation définitive pour permettre à l'acheteur de prendre ses précautions.

VII. Résiliation de la Police après Sinistre.

Les Compagnies se réservent le droit de résilier les polices après sinistre et de conserver les primes déjà payées ou échues ; la résiliation a lieu de plein droit trois jours après le dépôt constaté à la poste de la lettre recommandée informant la résiliation. Après un premier sinistre, les Compagnies sont à même d'apprécier ce que l'on appelle la moralité du sinistre : il est naturel de les autoriser à se retirer si elles apprécient qu'elles ont été engagées en dehors de leurs prévisions. Notez qu'elles ne peuvent matériellement vérifier d'une façon bien sérieuse ; mais les conditions de résiliation sont trop rigoureuses et ont le tort de ne pas être réciproques.

Il faut donner le temps matériel à l'assuré de trouver une autre assurance : le délai devrait être de quinze jours et ce qu'il est juste de réserver à l'assureur doit être également réservé à l'assuré. Celui-ci, bien ignorant des conséquences de sa police, peut se trouver en fait avoir été induit en erreur par les promesses d'un agent un peu ardent ; la Compagnie peut abuser de la supériorité et de l'habileté professionnelle de ses représentants. L'assuré reconnaîtra qu'il est lésé, mais ne voulant pas faire un procès qui se trouverait mal engagé, il a lui-même apprécié la moralité des gens à qui il a eu à faire : il doit avoir le même droit de se retirer que la Compagnie, sa contractante.

VIII. Double assurance. — Co-assurance.

Les Compagnies stipulent que les assurés doivent faire connaître s'ils ont contracté d'autres assurances pour le même objet ; cela leur est utile pour l'appréciation du risque et aussi pour les mettre sur la trace des fraudes qui pourraient être commises à leur préjudice ; l'assuré ayant fait assurer deux fois les mêmes choses et touchant deux fois le montant du sinistre, ne se trouve plus dans les conditions de prévoyance que la Compagnie a envisagées ; l'assuré a intérêt à être sinistré ; mais ces fraudes, qui ont pu avoir lieu autrefois, sont bien difficiles à réaliser ; et il est trop draconien de vouloir sanctionner la non déclaration par une déchéance absolue ; il serait plus juste et plus équitable d'examiner sous l'empire de quelles préoccupations l'assuré a agi et n'autoriser la déchéance qu'autant qu'il serait établi que l'assuré aurait cherché à se faire payer deux fois : les tribunaux, en cas de contestation, auraient un pouvoir d'appréciation dans les cas ordinaires où l'accusé n'aurait pas fait connaître sa co-assurance ou sa réassurance ; la réduction proportionnelle du paiement du sinistre suffirait comme sanction. C'est d'ailleurs ce que font les Mutuelles.

IX. Prime quérable et non portable.

Les Compagnies continuent à stipuler que les primes sont portables, alors qu'en fait, elles les font encaisser ; elles stipulent une suppression de l'assurance à défaut de paiement le jour même de l'échéance au domicile de leurs agents ; mais, cependant, si on se présentait le jour même de l'échéance dans les bureaux de ceux-ci, la plupart du temps on serait éconduit : on vous présentera la quittance qui n'est pas prête en ce moment, vous répondra-t-on ; si un sinistre arrive dans l'intervalle, on est à la merci de la Compagnie ; or, il est mauvais d'être à la merci de qui que ce soit, même d'une Compagnie d'assurances. Aussi, je serai d'avis de revenir au droit commun et de ne faire partir la suspension que vingt-quatre heures après une sommation ou une déclaration par lettre recommandée. Celle-ci n'aurait lieu qu'après non paiement à présentation de la prime.

X. Prescription de l'action en indemnité et règlement des sinistres.

L'action en indemnité pour sinistre se prescrit,

d'après les polices, par six mois ; cette clause des polices devrait être modifiée : quand la Compagnie a été saisie d'une réclamation amiable du sinistre, conformément à la police, le point de départ du délai de six mois devrait courir seulement du jour où la Compagnie a refusé définitivement de payer le sinistre ; sinon, celle-ci pourrait se faire un jeu de faire traîner les formalités en longueur et invoquer au bout de six mois la prescription par elle stipulée.

Pour les réglements de sinistres, il serait utile de faire presser le réglement par les Compagnies. Pour cela et pour éviter toute lenteur de leur part, il serait bon de stipuler que les intérêts à 5 % courraient un mois après la déclaration de sinistre faite à la Compagnie.

Quant à la prescription de l'action judiciaire intentée et qui ne serait pas suivie, il n'y a aucun motif de modifier le Code de procédure qui fixe à trois années la péremption d'instance, ce peut être entre les mains d'une Compagnie peu scrupuleuse une arme déloyale ; la procédure lui offre les ressources nécessaires pour faire avancer l'action intentée si l'assuré ne fait plus rien après avoir intenté son action, mais il n'y a aucun motif de créer à la Compagnie d'assurances une situation privilégiée parmi les plaideurs.

Telles sont les quelques réformes que je vous proposerai d'appuyer devant l'Union des Chambres syndicales des propriétés bâties de France. On a formulé d'autres griefs relatifs à des contraventions aux règlements administratifs et à l'élection de domicile, mais je n'ai pas vu que ces clauses incriminées figurassent dans les polices usitées dans notre région ; les élections de domicile stipulées sont normales et conformes au droit commun et à la jurisprudence.

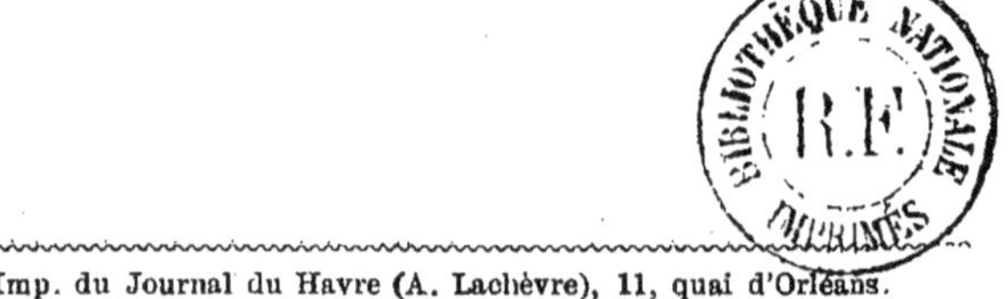

6192 Imp. du Journal du Havre (A. Lachèvre), 11, quai d'Orléans.